Dieses Büchlein ist
für

....

auf dem Weg zur Taufe
von

....

am

....

in

....

von

....

Hubertus Brantzen

Dem Leben eine Zukunft geben

Hinführung zur Taufe für Eltern und Paten

HERDER

FREIBURG · BASEL · WIEN

INHALT

Herzlichen Glückwunsch!

Nach der Geburt Ihres Kindes haben Sie diese Worte wohl oft gehört. Mit diesem Büchlein möchte ich mich den Glückwünschen anschließen. Einen Glückwunsch für die Zukunft!

Für die Zukunft Ihres Kindes: Es soll froh und glücklich aufwachsen. Es möge gute Wegbegleiter und Freunde finden und gut mit seinem Leben und mit der Welt zurechtkommen.

Einen Glückwunsch für Sie als Eltern: Dieses Kind möge Ihnen viel Freude bereiten, bei aller Mühe, die Sie in dieses kleine Lebewesen investieren. Dieses Kind soll Ihnen eine menschlich reichere Zukunft eröffnen.

In unserer Gesellschaft ist es inzwischen nicht mehr selbstverständlich, dass die Menschen neuem Leben eine Chance geben. Viele scheinen das Vertrauen in die Zukunft verloren zu haben.

Umso mehr bedeutet es ein Glück, dass Sie mit Ihrem Kind der Zukunft eine Chance geben. Sie haben den Mut, sich auf das Abenteuer eines neuen Menschenlebens einzulassen. Sie geben mit Ihrem Kind sich selbst, Ihrer Familie, der Gemeinschaft der Menschen – dem Leben – eine Zukunft.

Einen Glückwunsch auch für die Paten: Sie haben sich bereiterklärt, dieses Kind und seine Eltern in den kommenden Jahren zu begleiten. Sie dürfen Anteil daran nehmen, wie sich dieses neue Leben entfaltet.

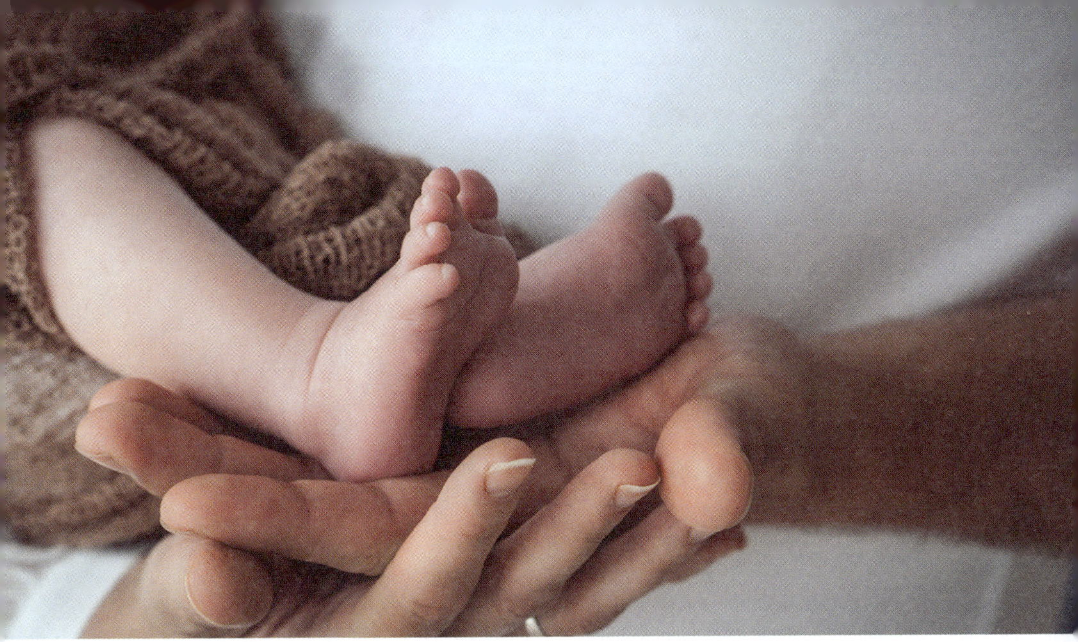

Sie bringen Ihr Kind zur Taufe

Nicht zuletzt möchte ich Sie beglückwünschen, dass Sie Ihr Kind taufen lassen wollen. Es mag viele Gründe für Sie geben, diesen Schritt zu tun. Vielleicht folgen Sie damit ganz einfach einer Tradition Ihrer Familie. Oder Sie fühlen sich mit der Kirche und einer christlichen Gemeinde besonders verbunden.

In jedem Fall möchten Sie Gottes Segen für Ihr Kind. Es soll in guter Gesellschaft aufwachsen und ein sinnerfülltes Leben führen können.

Wir spüren oft, wie wenig wir unser Leben selbst in der Hand halten und lenken können. So ist die Bitte um die Taufe ein Zeichen Ihres Vertrauens: des Vertrauens in die Zukunft Ihres Kindes und des Vertrauens in die Begleitung Gottes.

Einladung

Ich lade Sie ein, zur Vorbereitung auf die Taufe Ihres Kindes in den folgenden Abschnitten diesen Fragen intensiver nachzugehen:

- ∞ Was bedeutet für uns dieses Kind?
- ∞ Wie verändert es unser Leben?
- ∞ Was wünschen wir ihm für sein Leben?
- ∞ Wie stellen wir uns seine Erziehung vor?
- ∞ Wie möchten wir es mit der religiösen Erziehung halten?
- ∞ Was bedeutet die Taufe für uns und unser Kind?
- ∞ Was können die Paten zum Gelingen des neuen Lebens beitragen?

Sie können gerne die eine oder andere Frage herausgreifen und mit einem Thema beginnen, das Sie besonders interessiert. Vielleicht kommen Sie auch mit dem Seelsorger, der Ihr Kind taufen wird, über eines der Themen ins Gespräch.
Ich wünsche Ihnen ein schönes und gesegnetes Fest!

Hubertus Brantzen

Ja, du sollst leben!

Es ist einfach schön, Mütter oder Väter zu beobachten, die ihr Kind auf dem Arm halten. Da sitzt Anne mit ihrem drei Monate alten David in einer Runde von erzählenden Leuten. Sie hört zu und redet mit. Doch schaut sie fast durchgehend ihren kleinen Sohn an. Sie betrachtet aufmerksam sein Gesicht, nickt ihm zu, spielt mit seiner kleinen Faust. Alle können es sehen: Sie ist von ihrem David begeistert.

Die Mutter mit dem Kind auf dem Arm. Ein Bild voll Vertrauen und Geborgenheit. Als Frau und Mann haben wir Ja gesagt zu einem neuen Leben. Das Leben konnte wachsen. Nun ist es sichtbar. Wir können es mit Händen greifen.

Vielleicht haben Sie ganz bewusst Ihr Kind gewollt. Oder es hat sich, wie man manchmal formuliert, einfach eingestellt. Oder Sie mussten sich dazu durchringen, dieses Kind anzunehmen. Jedenfalls haben Sie Ja gesagt zu diesem neuen Menschen.

Was dieses Ja für das Kind bedeutet

Als Erwachsene können wir nur ahnen, was dieses Ja für das Kind bedeutet. Das Kind kann nicht mit dem Verstand erfassen, was vor sich geht. Doch nimmt es intuitiv in sich auf, von welcher Zuwendung, Zuneigung und Liebe es umfangen wird. Das Ja seiner Eltern ist für das Kind so wichtig wie die Luft, die es seit seiner Geburt atmet. Die Zuwendung seiner Eltern ist die Atmosphäre, in der es glücklich leben und sich entwickeln kann.

In dieser Atmosphäre kann sich ein Lebensgefühl entfalten, das wir „Urvertrauen“ nennen. Es ist das Vertrauen darauf, dass alles richtig ist: „Ich bin froh, dass ich lebe.“ „Es macht Freude, auf diese Welt zuzugehen.“ „Ich habe den Mut, das Leben anzupacken, egal was kommen mag.“

Gott sagt Ja zu unserem Kind

Wenn wir unser Kind anschauen, müssen wir unwillkürlich denken: Das ist ein Wunder. Die Wissenschaft mag noch so komplexe Computer entwickeln. Wir beide, Mann und Frau, sind besser. Wir haben dieses Geschöpf zustande gebracht.

Hier stoßen wir an das Geheimnis des Lebens. Wir sind als Mann und Frau so geschaffen, dass aus unserer Liebe und Begegnung dieses Kind entstanden ist.

Als Christen glauben wir, dass uns im Wunder des Lebens Gott in besonderer Weise nahekommt. Er kommt uns nahe auch durch unser Kind.

Gott ist der Schöpfer des Himmels und der Erde. Das heißt für uns: Wir nehmen als Eltern an der Schöpfung teil. Indem wir Ja sagen zum Leben unseres Kindes, es zeugen und gebären, sagt Gott durch uns ein Jawort zu diesem Kind. Sein Wort gilt umfassend und unbedingt.

Glaubensbekenntnis der Eltern

„Wir glauben an Gott,
den Vater, den Allmächtigen,
den Schöpfer des Himmels und der Erde."
Er ist auch der Schöpfer unseres Kindes.
Er schenkt uns die Kraft der Liebe,
in der wir Ja sagen können zu seiner Schöpfung,
zu unserem Kind."

Liebe und Verantwortung

Unsere Liebe zu diesem Kind schließt auch unsere Bereitschaft ein, Verantwortung zu übernehmen. Wir haben das Kind nicht nur in die Welt gesetzt. Wir möchten es durch sein Leben begleiten, es erziehen, ihm helfen, ein frohes und glückliches Leben zu führen, ihm ermöglichen, etwas im Leben zu erreichen. Sein Leben soll gelingen.

Wir wissen aus unseren Herkunftsfamilien und aus der Beobachtung anderer Familien, dass das Leben mit Kindern nicht nur Sonnenschein ist. Zu Recht sagt eine Lebensweisheit etwa im Blick auf die Väter: „Vater werden ist nicht schwer, Vater sein dagegen sehr." Probleme und Sorgen darf es auch geben. Wir stehen in jedem Fall zu unserem Jawort.

Die Taufe ist ein Jawort

Seit der Geburt Ihres Kindes sind Sie schon eine Wegstrecke gegangen, einige Monate, vielleicht auch schon ein paar Jahre. In der Taufe sprechen Sie bewusst und erneut Ihr Jawort zu Ihrem Kind. Und Sie dürfen dabei sicher sein: In Ihrem Jawort und in den Worten der Taufe sagt Gott: „Du bist das Kind deiner Eltern, und du bist mein Kind für immer! Ich will einen Bund mit dir schließen."

Die Taufe – ein „Sakrament"

In der Taufe feiern wir diese wunderbare Wirklichkeit. Wir nennen die Taufe ein „Sakrament". Das lateinische Wort „sacramentum" bedeutet: heiliges Geheimnis. Die Taufe lässt uns ahnen, wie göttliches Jawort und menschliches Jawort ineinander greifen. Bei der Taufe ist Ihre Verantwortung für das Leben Ihres Kindes gefragt. Sie bringen das Kind zur Kirche. Sie geben dem Kind einen Namen. Sie sprechen von Ihrem Glauben und Ihrer daraus fließenden Zuversicht, die Sie an Ihr Kind weitergeben wollen.

ANREGUNGEN

Wir erzählen einander:
Mutter: Wie es war, als ich spürte, dass ich schwanger war.
Vater: Wie es war, als ich erfuhr, dass wir ein Kind erwarten.

Wann und wie konnten wir Ja sagen zu unserem Kind?

Was bedeutet uns heute unser Kind?

Wie können wir in der Taufe neu zu unserem Kind
Ja sagen und es bewusst Gott anvertrauen
als sein gutes Geschöpf?

Du bist ein Geschenk

Augenblicke, die man nie vergisst

Es gibt Augenblicke im Leben, die man nie vergisst, weil sich plötzlich vieles ereignet oder vieles verändert. Ein solcher Augenblick ist sicher die Geburt eines Kindes. Fast neun Monate wird dieser Augenblick herbeigesehnt. Und zugleich wird er mit Bangen erwartet, denn meist gehen schwere Stunden dem ersten Schrei des neuen Erdenbürgers voraus.

Und dann warst du da

Endlich ist der entscheidende Moment gekommen. Die Situation im Kreißsaal: Die Geburt steht unmittelbar bevor. Vielleicht kann der Vater, wenn er bei der Geburt anwesend ist, bereits das Köpfchen erblicken. Die Hebamme oder der Arzt ermutigt die Mutter, noch einmal fest dem Kind bei den letzten Zentimetern in die Welt zu helfen.

Anne schildert die ersten Augenblicke nach der Geburt so: „Mit bangen Blicken habe ich den kleinen David von oben bis unten betrachtet. Ich habe mich gefragt: ‚Sind alle Gliedmaßen da? Ist er gesund? Wann schreit er endlich?‘ Nach den ersten Schreien legte der Arzt den Kleinen – noch mit Nabelschnur – auf meinen Bauch.“

Dankbar können die Eltern nach der Geburt ihr Kind anschauen. Sie sind erleichtert. Sie spüren: Du bist ein Geschenk!

Wenn unser Kind krank ist oder eine Behinderung hat

Der kleine Johannes musste nach der Geburt sofort auf die Frühgeborenenstation. Der Kinderarzt hatte bei der ersten Untersuchung eigenartige Geräusche in der Lunge gehört. Eine Luftblase hatte sich neben der Lunge gebildet. Der Schrecken war groß, zumal die Ärzte und Schwestern so geheimnisvoll taten. Zum Glück hatte sich nach wenigen Tagen jene Luftblase zurückgebildet. Die junge Familie konnte glücklich nach Hause ziehen.

Nicht immer kommen Eltern mit einem Schrecken davon. Für manche stellt sich im Laufe der ersten Tage, Wochen oder Monate heraus, dass ihr Kind krank ist oder eine Behinderung hat. Oft fällt es dann schwerer, ein Ja zu diesem neuen Leben zu sagen. Da kommen Fragen wie „Warum gerade unser Kind?", „Warum gerade wir?" Doch viele Eltern von Kindern mit Behinderung sagen nach einiger Zeit: „Es ist nicht immer leicht. Nicht selten machen Leute unangenehme Bemerkungen. Doch gerade dieses Kind macht unsere Familie reicher."

ANREGUNGEN

Wir erinnern uns und erzählen einander, was wir bei der Geburt unseres Kindes empfunden haben.

Welche Sorgen haben wir mit der Gesundheit unseres Kindes?

Was empfinden wir, wenn wir Eltern mit einem Kind mit Behinderung treffen?

Vorschlag: Wir können unser Kind auf den Arm nehmen und Gott einfach für dieses Geschenk in unseren Armen danken.

Du veränderst unser Leben

„Mit dem Tag der Geburt von David hat sich unser ganzes Leben verändert," berichtet Anne. „Wir schlafen dann, wann er es zulässt. Wir gehen einkaufen, wenn er gut drauf ist. Und er ist zu unserem Hauptgesprächsthema geworden. Mein Mann begrüßt mich jetzt mit dem Satz: ‚Wie geht's ihm?' Zum Glück kann ich sagen, dass sich nach drei Monaten das Leben wieder ein wenig normalisiert hat."

Ja, dieses kleine Menschenkind hat Macht über unser Leben. Es wirft unseren gesamten Lebensrhythmus durcheinander. Wir müssen Ehe und Familie neu organisieren. Auch wenn bereits Geschwister da sind: Ein Neugeborenes erfordert Umstellung auf der ganzen Linie.

Neuer Anfang für die Partnerschaft

Diese Umstellung geschieht in vielen kleinen Schritten und Tätigkeiten. Da gilt es z. B. zu regeln, wer wann nachts aufsteht, wenn das Kleine schreit. Wenn es gestillt wird, muss immer die Mutter dran glauben. Immerhin kann der Vater das Kleine zum Stillen herbeiholen. Bekommt es die Flasche, kann der Vater selbstständig tätig werden. Wie ist es aber dann mit dem Argument: „Ich muss morgen den ganzen Tag über arbeiten, ich brauche nachts meine Ruhe"?

Eine der ganz schwierigen Fragen ist, welcher der beiden Elternteile seine Berufsarbeit zeitweise oder ganz zugunsten des Kindes und seiner Betreuung aussetzt. Nun werden die Rollen in der Partnerschaft, in der Ehe und Familie neu verteilt. Oft ist es ein Vorgang, der automatisch läuft. Oft schleichen sich Arbeitsverteilungen ein, ohne dass diese wirklich besprochen und beschlossen wurden. So gilt es, miteinander und füreinander wachsam zu sein. „Wie möchtest du gerne, dass wir unsere Zeit einteilen?" „Ist das so richtig, wie wir Betreuung des Kindes, Erziehung, Berufsarbeit aufteilen und unsere Freizeit gestalten?" Solche und ähnliche gegenseitige Fragen helfen, einander die eigenen Wünsche zu sagen und die Wünsche des anderen auf- und ernst zu nehmen.

ANREGUNGEN

Was sind in unserem Leben die einschneidenden Veränderungen?

Wie erleben wir die Rollenveränderungen in unserer Beziehung?

Wie bekamen wir schon einmal von außen gespiegelt, dass wir uns seit der Geburt unseres Kindes verändert haben?

Du hast einen Namen

Das ist eine besondere Erfahrung: Wenn wir unser Kind einige wenige Male angeschaut haben, stellt sich das Gefühl ein, wir hätten dieses kleine Gesicht schon immer gekannt. Wir können uns nicht mehr vorstellen, nicht zu wissen, wie unser Kind aussieht.

Ähnlich verhält es sich mit dem Namen. Die meisten Eltern haben sich vor der Geburt auf einen Namen geeinigt. Wenn sie noch nicht wussten, welches Geschlecht ihr Kind hat, hatten sie meist einen Mädchen- und einen Jungennamen zur Auswahl.

Michael berichtet: „Nach der Geburt lag der kleine David ganz friedlich neben Anne. Da nannten wir ihn zum ersten Mal bei seinem Namen. Das war ein eigenartiges Gefühl. Wir sprachen den Namen ganz leise und vorsichtig aus, so als wollten wir testen, ob der Name auch zu ihm passt."

Sehr bald können Namen und Gesicht nicht mehr auseinander gedacht werden. Man könnte sagen: Dieses Gesicht hat einen Namen bekommen. Oder auch umgekehrt: Der Name hat ein Gesicht bekommen.

Name heißt: Identität

Der Name benennt den Menschen, seine Person, seine Identität. Das Kind lernt immer mehr, auf seinen Namen zu hören. Bald wird es sich, wenn sein Name genannt wird, unwillkürlich umdrehen. Es weiß: Ich bin gemeint.

Der Name, den die Eltern aussuchten, bleibt dem Menschen in der Regel sein Leben lang erhalten. Er stellt sich mit diesem Namen anderen vor. Er unterschreibt mit diesem Namen Briefe und Dokumente. Er ist darauf bedacht, dass es ein „guter Name" bleibt.

Wir geben dir deinen Namen

Wie sehr das Kind seinen Eltern „auf Gedeih und Verderb“ ausgeliefert ist, zeigt sich nicht zuletzt daran, dass sie für den Namen ihres Kindes verantwortlich sind. Wer jemandem einen Namen geben kann, der hat, bei aller Liebe, auch Macht über ihn. Oft suchen Eltern längere Zeit nach einem passenden Namen. Vielen ist auch die Bedeutung des Namens wichtig.

Gott ruft beim Namen

Christen gehen davon aus, dass Gott den Menschen bei dem Namen ruft, den ihm seine Eltern gegeben haben.
„Ich habe dich bei deinem Namen gerufen, du gehörst mir.
Weil du in meinen Augen teuer und wertvoll bist und
weil ich dich liebe, gebe ich für dich ganze Länder
und für dein Leben ganze Völker.“ (Jesaja 43,1.4)

Was Gott damals vor 2500 Jahren zum Volk Israel sagte, das spricht er zu jedem Einzelnen. Der einzelne Mensch geht nicht unter in der Masse der Milliarden Menschen, sondern ist von Gott persönlich gerufen und gemeint.

Wie wir als Eltern unser Kind als unseren „Liebling“ bei seinem Namen nennen, so ruft auch Gott unser Kind bei seinem Namen und bietet ihm einen Bund an.

In der Tauffeier werden die Eltern gebeten, den Namen ihres Kindes öffentlich auszusprechen. Der Pfarrer fragt: „Welchen Namen haben Sie Ihrem Kind gegeben?“

ANREGUNGEN

Wie kamen wir auf den Namen unseres Kindes?
Welche Bedeutung hat er für uns?

Kennen wir einen Namenspatron für unser Kind?
Wir könnten dazu auch den Pfarrer fragen.

Wie sind wir mit unseren eigenen Namen zufrieden?

Der Psalm 139 (Gotteslob Nr. 657,1–2) sagt aus, wie nahe Gott dem Menschen und wie liebevoll er ihm gesonnen ist. Wir sind eingeladen, diesen Psalm für unser Kind und uns selbst zu beten.

Du gehörst zu uns

Was ein so kleines Baby alles kann: atmen, schlafen, schreien, niesen, trinken, Schluckauf haben und verdauen mit allen Folgeerscheinungen. Und wir sind als Eltern vollauf damit beschäftigt, ihm dabei zu helfen: stillen, trockenlegen, auf dem Arm tragen, zart auf den Rücken klopfen, bis das „Bäuerchen“ kommt, anschauen, „erzählen“, anlächeln (bis es nach etwa sechs Wochen zurücklächelt). Aus den vielen tausend kleinen Gesten und Hilfen entsteht in unserem Kind das Lebensgefühl: „Ich bin ein geliebter und erwünschter Mensch!“ „Ich bin angenommen und getragen!“ „Ich werde angeschaut mit den Augen der Liebe!“

Wir für dich

Michael berichtet von der ersten Zeit zu Hause:
„Wir hatten ganz schnell das Gefühl, dass David so richtig und endgültig zu Anne und mir gehört. Anne sprach das auch manchmal so aus: ‚Du gehörst zu uns!‘ Und das ist mehr, als zu einem Sportverein zu gehören. Wir würden für den Kleinen unser Leben einsetzen. Er ist ja unser Fleisch und Blut, wie man so schön sagt.“

Mehr kann man über eine enge Zugehörigkeit und Gemeinschaft nicht sagen.

Gemeinschaft mit Jesus Christus

In der Taufe sagen wir, dass wir unser Kind nicht nur in unsere kleine Gemeinschaft der Familie hereinlassen. Wir nehmen die Einladung Jesu ernst, der sagt: „Lasst die Kinder zu mir kommen; hindert sie nicht daran. Denn Menschen wie ihnen gehört das Reich Gottes!" (Lukas 18,16).

Im Sakrament der Taufe wird unser Kind in die Gemeinschaft mit Jesus Christus hineingenommen. In der Taufe spricht darum der Pfarrer die Worte:

„N., mit großer Freude empfängt dich die Gemeinschaft der Glaubenden. Im Namen der Kirche bezeichne ich dich mit dem Zeichen des Kreuzes. Auch deine Eltern und Paten werden dieses Zeichen Christi, des Erlösers, auf deine Stirn zeichnen."

Und mit dem Zeichen des Kreuzes wird unser Kind auch dreimal mit Wasser übergossen. Der Pfarrer deutet das Geschehen mit den Worten:

„N., ich taufe dich im Namen des Vaters und des Sohnes und des Heiligen Geistes."

Glaubensbekenntnis der Eltern

„Wir glauben an Jesus Christus,
Gottes eingeborenen Sohn, unsern Herrn, empfangen durch den Heiligen Geist, geboren von der Jungfrau Maria."
„Wir glauben, dass Gottes Sohn Mensch wurde. Wir wissen, was es heißt, ein Mensch zu sein. Wir halten einen neuen Menschen in unseren Armen, unser Kind."
„Wir glauben an den Heiligen Geist, der die Menschen den Glauben lehrt und in die Kirche, die Gemeinschaft der Glaubenden, hineinführt. Wir möchten, dass unser Kind in diese Gemeinschaft der Glaubenden hineingetauft wird."

Wie ein Kind seine Mutter braucht, um geboren zu werden, so braucht der Mensch die Gemeinschaft der Christen, damit der Glaube in ihm wachsen kann. Gemeinschaft mit Jesus wird konkret in der Gemeinschaft der Kirche. Darum ist die Taufe keine Privatangelegenheit. Die ganze christliche Gemeinde sagt: „Im Glauben an Jesus Christus gehörst du jetzt zu uns."

ANREGUNGEN

Welche Erlebnisse mit unserem Kind zeigen uns besonders deutlich, dass es zu uns gehört?

Welche Sorgen haben wir um unser Kind? Warum geht uns das so nahe?

Welche Bedeutung hat in unserem Leben die Gemeinschaft mit Jesus Christus?

Was bedeutet für uns die Gemeinschaft der Kirche?

Wie können wir hinter dem, was die genannten Riten der Taufe aussagen, stehen?

Du sollst groß werden und glücklich sein

Du sollst dein Leben leben

Wenn man Kinder fragt, was sie gerne möchten, antworten sie oft: „Ich will groß werden!" Groß werden heißt: neugierig auf die Welt zugehen, Erfahrungen machen, selbständig werden, eine eigene Lebensspur finden.

Petra berichtet über die Geburt ihrer Tochter Sonja:
„Es war für mich eine eigene Erfahrung, als die Nabelschnur abgeklemmt und dann durchgeschnitten wurde. Irgendwie war das nicht nur ein medizinisch-technischer Vorgang. Es war mehr. Es war der erste Schritt aus der völligen Abhängigkeit von mir."

Das Selbständigwerden des Kindes beginnt mit der Geburt. Zwar braucht es noch lange Zeit, um auf eigenen Beinen stehen und das Leben selbständig meistern zu können. Doch der erste Schritt ist getan.

Das ist eine widersprüchliche Situation. Da halten wir gerade unser Kind in den Armen und freuen uns, dass wir es haben. Und doch beginnt das Kind zugleich seinen eigenen Weg. Es beginnt, sein eigenes Leben zu leben. Wir müssen es loslassen.

Erziehen heißt: selbstlos dem Leben des Kindes dienen

Wir dürfen uns von ganzem Herzen über das Kind freuen, das uns geschenkt ist. Gleichzeitig müssen wir uns bewusst sein, dass unser Kind einen Weg zur Selbstwerdung beginnt, zu dem wir es ermutigen sollen.

Zu Beginn seines Lebens haben wir die Aufgabe, das Kind zu pflegen, zu beschützen, es mit unserer Sorge zu umgeben, es vor Unfällen und Gefahren zu bewahren. Doch dann gilt es, das Kind immer mehr freizugeben.

Erziehen heißt: die Fähigkeiten des Kindes unterstützen

Wichtig ist, die Fähigkeiten, die besonderen Talente unseres Kindes zu entdecken und zu unterstützen. Das, was in ihm steckt, soll herauskommen und sich entfalten. Das bedeutet, dass wir nicht selten von unseren eigenen Wünschen absehen müssen. Wir müssen der Versuchung widerstehen, uns selbst in unserem Kind verwirklichen zu wollen.

Erziehen heißt: Werte weitergeben

Wir haben unserem Kind das Leben geschenkt und dabei unsere Gene weitergegeben. So ist es wirklich ein Stück von uns. Doch wir können mehr tun, um es für seine Aufgaben vorzubereiten.

Vor Schule, Kirche, Staat und Gesellschaft ist es unsere Aufgabe als Eltern, dem Kind zu vermitteln, was im Leben wichtig und wertvoll ist. Dazu gehört sicher eine gesunde Portion Selbstbewusstsein, die Kraft, etwas durchzuhalten, der Mut, seine Meinung zu sagen. Wir können es durch unsere Erziehung auch sensibel machen für Werte wie Aufeinander-Hören, Nächstenliebe, Achtung vor der Würde des Lebens, Solidarität unter den Menschen, sorgfältiger Umgang mit der Natur. Wir legen damit wichtige Grundsteine, damit unser Kind ein glückliches Leben führen kann.

Jeder Mensch hat eine Aufgabe, die Gott ihm stellt

Wir Christen glauben, dass Gott das Glück jedes Menschen, auch das persönliche Glück unseres Kindes will. Gott hat von jedem einen Entwurf, wie dieser einmalige Mensch glücklich werden kann. Dazu gehören auch die Aufgaben, die er in seinem Leben anpacken soll.

Die Taufe will unser Kind stärken für seinen Lebensweg. Mit der Unterstützung der Eltern und aus der Kraft Gottes wird es sein Ziel erreichen.

Der Priester spricht während der Taufe die Eltern an:
„Gott liebt Ihr Kind und schenkt ihm durch den Heiligen Geist im Wasser der Taufe neues Leben."

Heiliger Geist wird ihm zur Stärkung geschenkt: der gute Geist Gottes, der unterscheiden kann zwischen Gut und Böse, die innere Kraft, die das Positive im Leben erkennen und fördern lässt, die Kraft, die Menschen zu einer Gemeinschaft verbindet.

Nach der Taufe spricht der Pfarrer:
„Aufgenommen in das Volk Gottes wirst du nun mit dem heiligen Chrisam (Öl) gesalbt, damit du für immer ein Glied Christi bleibst, der Priester, König und Prophet ist in Ewigkeit."

Wie in alten Zeiten Priester, Könige und Propheten als Zeichen der Stärkung und Erwählung durch Gott mit Öl übergossen wurden, so wird auch das Kind mit geweihtem Öl gesalbt. Es hat die Würde eines Priesters, Königs, Propheten. Seine Menschenwürde ist ein Geschenk Gottes, das ihm niemand nehmen kann und darf.

Weiter berührt der Pfarrer Ohren und Mund des Kindes und spricht: „Der Herr lasse dich heranwachsen, und wie er mit dem Ruf ‚Effata' (hebräisch: ‚Öffne dich!') dem Taubstummen die Ohren und den Mund geöffnet hat, öffne er auch dir Ohren und Mund."

Gott soll durch die Taufe dem Kind alle Sinne öffnen, damit es das Gute in der Welt aufnehmen und selbst weitersagen kann. Besonders soll es empfänglich sein für den Glauben an Jesus Christus.

ANREGUNGEN

Vorschlag: Wir stellen gemeinsam eine Liste auf, was wir unserem Kind an Gutem für sein Leben wünschen: Wofür erbitten wir für unser Kind besonders die Kraft Gottes?

Diese Wunschliste können Sie mit zur Taufe nehmen und als Fürbitten vortragen.

Was möchten wir durch die Erziehung unserem Kind für seinen Lebensweg mitgeben?

Eine Lebensweisheit lautet: „Die Erziehung eines Kindes beginnt 100 Jahre vor seiner Geburt." Damit soll der Einfluss ganzer Generationen auf die Erziehung des Menschen ausgedrückt werden. Was kann das für uns und unsere Erziehung bedeuten?

Wir wünschen dir ein gutes Leben

Das Böse in der Welt

In einer Gruppe junger Paare ging es um die Frage: Kinder bekommen oder nicht? Einer der jungen Männer zitierte den pessimistischen Satz, der in solchen Gesprächen immer wieder auftaucht: „Es ist eigentlich unverantwortlich, heute noch Kinder in die Welt zu setzen." Ein Satz, gesprochen im Blick auf das, was an Krieg, Gewalt, Hass, Ungerechtigkeit und Katastrophen in unserer Welt vor sich geht. „Wollt ihr eurem Kind wirklich die Welt zumuten, die unsjeden Abend im Fernsehen präsentiert wird?"

Ja, es scheint sozusagen unser erstes Erbe als Menschen zu sein, in eine Welt hineingeboren zu werden, die unvollkommen ist, in der es Fehler, Grenzen, Angst und Schuld gibt, in der oft das Böse zu siegen scheint. Die Menschen können bestimmen, wie sie miteinander umgehen. Und sie wählen oft den Konflikt und den Streit. Sie haben eine Anfälligkeit für das Böse. Keiner von uns hat die Möglichkeit, das Leben so kennenzulernen, wie es eigentlich von Gott her gedacht ist.

Streit und Gewalt machen auch vor Familien nicht Halt. Gerade hier wird der Umgang miteinander eingeübt. Alle haben die Sehnsucht, in dieser kleinsten Gemeinschaft der Menschen Geborgenheit und Frieden zu finden, werden aber nicht selten enttäuscht.

Jedes Kind ein neuer Anfang

Die Geburt eines Kindes setzt gegen alle schlechten Erfahrungen einen neuen Anfang. Es bringt die Verheißung, dass jener Teufelskreis durchbrochen werden und das Gute sich durchsetzen kann. Wir tragen als Eltern eines solchen Kindes wesentlich dazu bei, dass sich diese Verheißung erfüllen kann. Was in unserer Familie an Geborgenheit, Freude, Zuwendung und Liebe geschenkt wird, ist auch eine Investition in eine bessere Zukunft. Was wir im kleinen Kreis der Familie pflanzen, kann fruchtbar werden für viele. Wir helfen mit, dem Leben eine positive Zukunft zu geben.

Die Taufe nimmt diese Erfahrungen ganz ernst. Sie ist ein großes Hoffnungszeichen, dass mit der Kraft Gottes wirklich in dieser Welt Frieden möglich ist. Wir glauben daran, dass Gott das böse Erbe der Menschheit („Erbsünde") von uns nimmt. Viele Worte und Riten bringen jene Hoffnung zum Ausdruck:

Vor der Taufe werden die Eltern und Paten gefragt:
„Widersagt Ihr dem Bösen, um in der Freiheit der Kinder Gottes zu leben?"
Die Eltern und Paten antworten: „Ich widersage."

Wir setzen allem Bösen in der Welt unseren guten Willen aus der Kraft des Glaubens entgegen. Das Böse, Hass und Streit, die Sünde, können aus der Hoffnung des Glaubens überwunden werden:

„Glaubt Ihr an Gott, den Vater …?"
„Glaubt Ihr an Jesus Christus …?"
„Glaubt Ihr an den Heiligen Geist …?"
Eltern und Paten antworten jeweils: „Ich glaube."

Die Taufe selbst ist Zeichen des Neuanfangs. Altes, die Sünde als unser „Erbe“, wird gleichsam abgewaschen. Als neuer Mensch darf unser Kind, in der Gemeinschaft mit Jesus Christus und in der Gemeinschaft der Kirche, seine Berufung zum Guten leben.

Dreimal übergießt der Pfarrer den Kopf des Kindes mit Wasser und spricht dabei: „N., ich taufe dich im Namen des Vaters und des Sohnes und des Heiligen Geistes.“

Zwei weitere Zeichen bekräftigen das, was in der Taufe geschehen ist.

Dem Täufling wird ein weißes Taufkleid aufgelegt oder angezogen: „N., in der Taufe bist du eine neue Schöpfung geworden und hast – wie die Schrift sagt – Christus angezogen. Das weiße Gewand sei dir ein Zeichen für diese Würde. Bewahre sie für das ewige Leben.“
Dann entzündet der Vater oder jemand anderes aus der Familie die Taufkerze an der Osterkerze. Dabei wird gesprochen: „Empfange das Licht Christi.“

ANREGUNGEN

Wo spüren wir, dass sich Böses, Ungerechtigkeit und Streit in unserem Leben breitmachen will?

Wie möchten wir durch die Art unseres Lebens dazu beitragen, dass Zukunft positiv gestaltet wird?

In welcher Weise ist für uns die Taufe ein Zeichen der Hoffnung?

Wir möchten mit dir beten

„Nur was man täglich tut, prägt den Menschen." Dieser Satz von Kardinal Hermann Volk ist voller Weisheit, denn er gilt für alle wichtigen Dinge unseres Lebens.

Nur wenn unser Kind z. B. täglich unsere liebende Zuwendung erfährt, entsteht in ihm ein Vertrauen in sich selbst und die Welt. Nur wenn wir es täglich anlächeln, beginnt es selbst zu lächeln. Nur wenn es täglich seine Muskeln stärkt, kann es irgendwann selbständig laufen.

Das ist mit dem religiösen Leben genauso. Wenn wir mit unserem Kind z. B. nur selten beten, bleibt das Beten eine sonderbare und fremde Übung. Wie bei den vielen anderen Dingen des Lebens braucht es auch hier unsere Hilfe.

Zu Beginn der Tauffeier spricht der Pfarrer:
„Liebe Eltern, Sie möchten, dass N. getauft wird. Das bedeutet für Sie: Sie sollen Ihr Kind im Glauben erziehen und es lehren, Gott und den Nächsten zu lieben, wie Jesus es vorgelebt hat. Sie sollen mit Ihrem Kind beten und ihm helfen, seinen Platz in der Gemeinschaft der Kirche zu finden. Sind Sie dazu bereit?"
Die Eltern antworten: „Ich bin bereit."

Was heißt religiöse Erziehung?

Religiöse Erziehung bedeutet: helfen, dem Leben aus dem Glauben heraus einen tiefen Sinn zu geben. Und das wiederum kann sich in vielen Formen festmachen, z. B.

- im Lesen und Erzählen biblischer Geschichten über die Taten Gottes und die Taten Jesu;
- im Gebet mit seinen vielfältigen Ausprägungen wie z. B.:
  in der Freude und dem Dank für das Leben;
  in der Bitte für uns und andere Menschen;
  in der Mitfeier von Gottesdiensten.

Wenn wir uns selbst schwer tun?

Vielleicht sagen Sie: „Das ist gut gemeint, doch wir tun uns selbst mit dem Glauben schwer. Wie sollen wir ihn an unser Kind weitergeben?" – Die Taufe des Kindes könnte Anstoß für einen neuen Anfang sein.

Silke und Matthias haben nach der Geburt ihres Jonas einen solchen Anfang gewagt: „Wir hatten eigentlich noch nie, außer bei offiziellen Anlässen wie unserer Trauung, miteinander gebetet. Dann kam bei der Taufe die Anregung, es noch einmal gemeinsam mit unserem Jonas zu versuchen. Und so haben wir es gemacht: Wenn wir Jonas abends ins Bett legten, beteten wir ganz einfach:
‚Guter Gott, wir danken dir für diesen Tag. Das haben wir erlebt:' Und dann sagten wir in eigenen Worten, was das Kind mit uns und wir mit ihm erlebt haben. Am Anfang war uns etwas komisch zumute. Aber dann merkten wir, dass es uns selbst guttut."

In diesem Gebet brachten die Eltern das Leben ihres kleinen Jungen vor Gott. Und es wurde für sie selbst zum Gebet.

ANREGUNG

Im Laufe der Zeit und Jahre wird unser Kind immer selbständiger werden, auch mit seinem religiösen Leben. Das können wir jetzt in Erinnerung an die Taufe unseres Kindes tun:

Wir können Gottes Segen für unser Kind erbitten, indem wir ihm die Hand auf den Kopf legen und mit dem Daumen ein Kreuz auf die Stirn zeichnen und sprechen: „Gott segne dich." Manche Eltern pflegen diesen Brauch auch noch bei Schulkindern, bevor diese morgens das Haus verlassen.

Wir können ihm – z. B. nach dem Abendgebet – mit gesegnetem Wasser (Weihwasser) ein Kreuz auf die Stirn zeichnen.

Wir selbst können für unser Kind z. B. das Vaterunser beten.

Wir sind eingeladen, uns für eine dieser Formen zu entscheiden.

Deine Paten begleiten dich

Es gehört zu den ältesten Bräuchen der Kirche, dass Erwachsene nur mit Paten getauft werden. Diese sollen besonders in der letzten Zeit der Vorbereitung mithelfen, dass der Täufling in den Glauben und das Leben der Kirche eingeführt wird. Auch bei der Kindertaufe soll wenigstens ein Pate oder eine Patin dabei sein.

Die Aufgaben des Paten und der Patin

Patin und Pate sollen den Eltern besonders bei der religiösen Erziehung helfen, damit das Kind lernt, seinen Glauben in echter Weise zu bekennen und zu leben. Durch diese Hilfe wird sozusagen die Kleinfamilie ausgeweitet.

Wenn im Laufe der Jahre ein guter Kontakt zwischen Kind und Paten entsteht, dann liegt darin für das heranwachsende Kind die Chance, auch später Ansprechpartner außerhalb der Familie zu haben, denen auch die Eltern vertrauen.

Bei der Wahl der Patin und des Paten sollen also nicht finanzielle Aspekte eine Rolle spielen. Es kommt nicht zuerst auf Geschenke, sondern auf die Beziehungsfähigkeit der Paten an.

Ein junges Elternpaar berichtet von seiner Suche nach einem Paten-Ehepaar: „Wir fragten in unserer Verwandtschaft und Bekanntschaft, welches Paar bereit wäre, unsere Julia zu sich zu nehmen, wenn uns etwas zustieße. Wir wollten sicher sein, dass diese Paten es mit unserem Kind ernst meinen. Wir fanden ein Paar in unserer Gemeinde, mit dem wir seither sehr befreundet sind."

Wer kann Patin und Pate sein?

Pate kann jede(r) ältere Jugendliche und Erwachsene sein, der (die) fähig und bereit ist, diese Aufgaben zu erfüllen. Darum können Eltern nicht nur in der Verwandtschaft, sondern auch im Freundeskreis und in der Gemeinde nach einer Patin und einem Paten suchen. Der Pate muss selbst getauft und gefirmt sein und die Eucharistie empfangen haben, also zur Erstkommunion gegangen sein.

Da das Kind nicht nur allgemein Christ wird, sondern in eine konkrete Kirche aufgenommen wird, muss einer der Paten katholisch sein. Wenn Eltern gerne einen Christen einer anderen Kirche als Paten hätten, kann dieser das Patenamt gemeinsam mit einem katholischen Christen übernehmen.

Wenn der Pfarrer die folgende Frage an Sie als Paten oder Patin richtet, dann ist sie ganz ernst gemeint. Und Ihre Antwort wird ebenso ernst genommen.

Zu Beginn der Tauffeier spricht der Pfarrer die Paten an:
„Liebe Paten, die Eltern dieses Kindes haben Sie gebeten, das Patenamt zu übernehmen. Sie sollen Ihr Patenkind auf dem Lebensweg begleiten, es im Glauben mittragen und es hinführen zu einem Leben in der Gemeinschaft der Kirche. Sind Sie bereit, diese Aufgabe zu übernehmen und damit die Eltern zu unterstützen?"
Die Paten antworten: „Ich bin bereit."

ANREGUNGEN FÜR DIE PATEN

Welche Erfahrungen haben wir selbst mit unseren Taufpaten gemacht?

Warum haben uns die Eltern des Kindes wohl gefragt, das Patenamt zu übernehmen?

Was bedeutet es für uns, für dieses Kind Pate bzw. Patin zu sein?

Die Feier der Taufe – ein Überblick

Im Gotteslob wird unter den Nummern 573 und 574 der Ritus erklärt.

Begrüßung

Der Pfarrer begrüßt die Eltern, Paten und alle anderen am Eingang der Kirche. Dann fragt er:
Welchen Namen haben Sie Ihrem Kind gegeben?
Was erbitten Sie von der Kirche Gottes für Ihr Kind?

Bezeichnung mit dem Kreuz

durch den Pfarrer, die Eltern und Paten

Lesung aus der Bibel, Predigt

Fürbitten

Gebet um Schutz vor dem Bösen

Salbung mit Katechumenenöl

Erwachsene Taufbewerber werden mit diesem Öl als Zeichen der Stärkung gesalbt. Auch Kinder erhalten in diesem Sinne diese Salbung.

Weihe des Taufwassers

Absage an das Böse und Bekenntnis des Glaubens

Mit der Formel „Ich widersage“ wenden sich Eltern und Paten stellvertretend für das Kind von allem Bösen ab. Auf die Fragen des Pfarrers bekennen sie mit den Worten „Ich glaube“ ihren Glauben. Alle gemeinsam beten das Glaubensbekenntnis.

Taufe

Am Taufbrunnen wird das Kind getauft. Dabei wird der Kopf des Kindes dreimal mit Wasser übergossen.

Salbung mit Chrisam

Überreichung des weißen Kleides

Übergabe der brennenden Kerze

Effata-Ritus

Vaterunser und Segen

Zum Abschluss der Feier versammeln sich alle um den Altar, an dem das Taufkind später zur Erstkommunion gehen wird. Dort beten alle gemeinsam das Gebet Jesu, das Vaterunser. Einzeln empfangen die Mutter, der Vater und die Paten einen besonderen Segen. Mit dem Segen über alle schließt die Tauffeier.

Wir gestalten deine Taufe

Als Eltern und Paten sind wir eingeladen, die Taufe mitzugestalten. Wir können uns an einigen Stellen der Feier persönlich und originell einbringen.

Wir gestalten die Taufkerze

Die Taufkerze ist ein Symbol dafür, dass Jesus Christus wie ein Licht im Leben des Kindes aufgehen soll. Wir können auf der Kerze Worte und Zeichen anbringen lassen oder selbst mit Wachs gestalten, die das verdeutlichen:

- den Namen unseres Kindes,
- die Daten von Geburt und Taufe,
- ein Kreuz oder ein Christuszeichen,
- eine Taube als Zeichen des Heiligen Geistes,
- Zeichen für das Wasser der Taufe,
- ein anderes Zeichen, das uns wichtig ist.

Wir suchen einen Text aus der Bibel aus

Wir können überlegen, welcher Bibeltext, welche biblische Erzählung über die Taten Jesu uns besonders anspricht. Das könnte auch der Text für die Taufe sein. Wir können auch aus folgenden Vorschlägen einen auswählen:

- Markusevangelium, Kap. 10, Verse 13–16: Jesus segnet die Kinder;
- Markusevangelium, Kap. 1, Verse 9–11: Taufe Jesu im Jordan;
- Matthäusevangelium, Kap. 28, Verse 18–20: Auftrag an die Jünger, die Menschen zu taufen.

Was sind unsere religiösen Lieblingslieder?

Vielleicht mögen wir ein religiöses Lied besonders. Es lässt sich sicher in den Verlauf der Tauffeier einfügen.

Wir formulieren Fürbitten

Wir tragen im Blick auf unser Kind viele Wünsche und Bitten im Herzen, die wir als Fürbitten während der Tauffeier vortragen können, etwa:

- ∞ Guter Gott, wir bitten dich für unser Kind N., dass es gesund bleibt und glücklich wird.
- ∞ Führe N. auf seinen / ihren richtigen Lebensweg und hilf ihm/ihr, gute Freunde zu finden.
- ∞ Wir bitten um den Frieden in der Welt: Lass unser Kind und alle Menschen miteinander in Gemeinschaft und Freude leben.
- ∞ Wir bitten für die Eltern und Paten: Schenke ihnen Liebe und Geduld bei der Erziehung und Begleitung von N.
- ∞ Wir bitten für alle Getauften: Lass sie als glaubwürdige Christen leben.

Gott segne dich

Der gute Gott, er segne dich:
der du gebildet aus den Elementen der Erde
und von seinem göttlichen Atem belebt –
hineingelegt in die Hände
von Menschen.

Er lasse dich nie deine Wurzeln vergessen –
tief in seinen Grund gelegt.
So wirst du immer eine Heimat haben
und dich nicht so leicht verlieren,
wenn Stürme des Lebens dich erschüttern.

Er segne das Wachsen deines Herzens
und lasse es weit werden für eine Welt,
die oft eng und unbarmherzig ist
und auch den Unfrieden kennt.

Er lasse dich Freunde finden,
die mit dir Licht und Schatten teilen,
die mit dir barmherzig sind und gerecht,
damit du erfährst, wie das Leben gelingt.

Er rette deine Zartheit
und schütze sie davor, zu zerbrechen
an der Härte des Lebens.
Er schenke dir das Brot,
das du täglich brauchst,
helfende Hände, die dich heilen,

und einen Engel, der dich begleitet
über die Brücken und in die Tiefen
des Lebens.

Er lasse dich Geschmack finden
am Wasser der Taufe
und an seinem Wort,
uns erzählt von Jesus,
dem großartigen Menschen aus Nazaret.

Der menschenfreundliche Gott sei mit dir,
der dich liebt und dessen Name heißt:
Gott-mit-uns –
an allen Tagen deines Lebens.
Amen.

Aus: Herbert Jung, Das große Buch der Segensgebete

Bilder im Innenteil:
2 © MaximFesnko/GettyImages
4 © Stefan Weigand
7 © CasarsaGuru/GettyImages
8 © Hakase/GettyImages
14 © Birgit Korber/GettyImages
17 © simonkr/GettyImages
19 © yamasan/GettyImages
22 © Stefan Weigand
26 © SimonSkafar/GettyImages
30 © photosaint/GettyImages
33 © baona/GettyImages
34 © romrodinka/GettyImages
38 © CatLane/GettyImages
41 © kb-photodesign/shutterstock.com

Neuausgabe 2023

www.herder.de

Umschlaggestaltung: wunderlichundweigand
Umschlagmotiv: © JasonDoiy/iStock.com
Satz: wunderlichundweigand
Herstellung: Medienhaus Plump GmbH, Rheinbreitbach
Printed in Germany

ISBN 978-3-451-39508-6